LETTRES

AUX JOURNAUX

DE

Mortain, de Flers

ET

AU NOUVELLISTE D'AVRANCHES

RENNES

IMPRIMERIE DE L'OUEST

RUE DE L'HÔTEL-DIEU, 5.

LETTRES ADRESSÉES

AUX JOURNAUX

DE

MORTAIN ET DE FLERS

ET

AU NOUVELLISTE D'AVRANCHES

———◦◇◦———

Lettre adressée au *Journal de Flers,*
et au *Journal de Mortain.*

L'on me communique, monsieur, votre article sur les noces d'or de monsieur le curé de Heussé, et j'y remarque plus d'un détail inexact.

Une erreur d'optique assez étrange a fait apercevoir à votre correspondant des choses qui ont échappé à tous les yeux, et elle a transformé un banquet très-convenable, mais simple, en un festin de Sardanapale.

Le maire de Heussé n'a point prononcé les paroles qu'on lui prête. Il n'attendait l'arrivée de personne pour connaître le chemin qu'il doit suivre, ce chemin ayant été tracé très-clairement par le pape à tous les catholiques.

Les élèves de nos écoles primaires, bien qu'on veuille insinuer le contraire, se sont, pendant la durée des classes, exclusivement occupés de leurs études : qu'ont-ils fait en dehors des classes pour la reception de notre évêque? je l'ignore, et je me sens si peu de goût pour le métier d'inquisiteur et d'espion, fort à la mode aujourd'hui, que je ne m'en suis aucunement préoccupé.

Notre fête n'a présenté aucun caractère politique : toutes les opinions y figuraient, et Marianne y a été laissée pour ce qu'elle vaut.

Elle nous regarde avec douceur, assure votre correspondant ; nous lui en savons bien bon gré, mais parcequ'elle pousse la condescendance jusqu'à permettre que, sans distinction de drapeau, nous nous réunissions à Heussé dans de cordiales agapes, faudra-t-il donc, je vous prie, l'en remercier à genoux ?

Où votre correspondant me semble exquis, c'est quand, avec une morgue de talon rouge, il essaie de tourner en ridicule les jeunes hommes de notre cavalcade. Ses railleries pourtant, s'il faut vous le dire, m'ont semblé d'un goût douteux. Nos cavaliers portaient des blouses, c'est possible ; mais sous ces blouses battaient de nobles cœurs, des cœurs ouverts à tous les sentiments généreux, à l'amitié, au respect, à la reconnaissance, et les superbes dédains de votre correspondant ne les ont pas même effleurés.

Pour lui, j'estime qu'il a agi sagement en gardant l'anonyme : quand on travestit et qu'on envenime des actes fort innocents, ce que l'on a de mieux à faire, c'est de coller sur son visage un masque impénétrable.

Recevez, etc.

Le maire de Heussé

JH. D'AVENEL.

Le journal de Flers commentant cette lettre soutient que je m'y montre bon catholique, mais mauvais français. Quoi donc ?

L'amour de la patrie
Pour qui vont les grands cœurs jusqu'à l'idolâtrie (1)

ne peut-il s'allier à un attachement profond pour le catholicisme. Le croire est pour nous la preuve de préjugés bien étroits, et tout homme doué de bon sens ne fera que rire d'une imagination si étrange.

---

(1) Corneille.

Lettre adressée au *Journal de Mortain*.

Monsieur,

Je commence par remercier votre correspondant anonyme *du grand respect* qu'il est assez bon pour accorder à ma personne, et je le prie de croire que comme fonctionnaire public j'accorde bien volontiers à chacun le droit de critiquer tous mes actes : la seule chose que je demande, c'est que la critique soit juste.

Eh bien ! je n'hésite pas à le dire, elle ne l'est pas quand elle prête une couleur légitimiste à des agapes où se sont associées toutes les opinions.

Elle ne l'est pas quand elle présente comme un festin de Lucullus le banquet que nous a donné M. le curé de Heussé, et où pour contenter un censeur morose, n'eussent dû figurer sans doute, à côté du brouet noir de Sparte, que des fèves et des pois chiches.

Elle ne l'est pas quand elle accuse notre clergé d'intempérance.

Elle ne l'est pas quand elle s'obstine, contre toute vérité, à attribuer aux élèves de nos écoles primaires les préparatifs d'une fête à laquelle ils n'ont point collaboré pendant les heures de classe, et auxquels, en dehors de ces heures, ils n'ont contribué, s'ils l'ont fait, que pour une part très-minime.

Elle ne l'est pas quand, par représailles contre tel ou tel journal que je n'ai pas à juger ici, elle s'élève violemment contre une réunion absolument inoffensive.

Elle ne l'est pas, et, selon moi, prend de beaucoup trop grands airs, quand elle qualifie de grotesque une cavalcade que de petits crevés eussent pu railler sans doute, mais qui, dans sa simplicité villageoise, pouvait peut-être trouver grâce devant un républicain.

Elle n'est pas juste enfin à mon égard puisque, sachant que l'on peut faire pendre un homme avec deux lignes de son écriture, elle n'a pas de son aveu cité mes paroles textuellement.

Ces paroles, votre correspondant me les demande. Eh bien ! je ne crains pas de les reproduire ici : j'ai dit à Monseigneur de Coutances en lui appliquant les paroles du poëte, que dans sa lutte contre l'erreur je le suivrai partout (1). Telle est en effet ma résolution immuable ; telle elle était hier, et telle elle sera demain.

Votre correspondant déclare qu'il ne partage pas mes idées religieuses ; je le regrette, monsieur : mes idées religieuses se résument dans le credo, dans ce credo dont naguères l'illustre Dufaure près de mourir voulait que l'on répétât les paroles devant lui.

Je crois de plus avec un grand républicain, avec Francklin, que si les hommes sont si méchants avec la religion, sans la religion ils seraient bien pires encore ; et il me semble que chasser Dieu de l'école n'est pas le meilleur moyen de rendre une nation religieuse.

Votre correspondant veut garder l'anonyme parceque, dit-il, il a peur des habitants de nos campagnes. C'est leur adresser, j'en suis convaincu, une injure gratuite : pour moi, ne désirant que la gloire de mon pays et le bonheur de mes concitoyens, je parle la face découverte et je ne tremble devant personne.

---

(1) Ibimus, ibimus utcumque proecedes (ad Moecenatem.)

(HORACE.)

A Monsieur le directeur du *Nouvelliste d'Avranches*.

Monsieur,

Vous êtes dans votre droit en jugeant mes vers mauvais, comme je serais dans le mien en trouvant un peu fades et passablement lourds les lazzi qu'il vous convient de diriger contre moi, mais il ne me plaît pas de répondre à vos aménités par des compliments du même style.

Aurais-je par hasard dit une sottise, demandait cet orateur ancien en se voyant applaudi par la foule ?

S'il est des applaudissements qui inquiètent, il est, par contre des insultes qui rassurent ; c'est là du moins ce qui a lieu quand l'esprit de parti montre clairement le bout de l'oreille.

Vous êtes un clérical, donc vous êtes un imbécile, la conséquence est rigoureuse.

Quoiqu'il en soit, vous avez dans votre journal accoutré mes vers comme Alphonse Karr eut un jour la fantaisie d'arranger ceux qu'il introduisait dans un de ses romans : ils avaient bien la rime, mais elle n'était point placée au bout des lignes.

Le spirituel écrivain, en agissant ainsi, se comparait aux génies arabes qui jouent au bouchon avec de petits palets de rubis.

Par malheur, les génies qui rédigent le *Nouvelliste* d'Avranches n'ont trouvé chez moi en place de rubis qu'un billon bien modeste ; ce billon la *Revue Catholique* l'a, sans y bien regarder, pris pour de l'or, vous l'assurez, et je veux le croire ; je me demande seulement en quoi j'ai mérité l'épithète de *féroce* dont vous me gratifiez, parceque dans une prose plus ou moins bien rimée, j'ai dit à mon curé célébrant ses noces d'or que nous l'aimions, que nous le vénérions, que nous lui souhaitions de longs jours.

Ce qui me console, monsieur, c'est que mes vers de circonstance, petits poucets de la littérature, disparaîtront demain sous le linceul de l'oubli, à moins toutefois que votre prose magistrale n'arrive jusqu'à nos arrière-neveux et ne me joue un plus mauvais tour que n'a pu le faire la *Revue Catholique*.

C'est là pourtant, quoiqu'il puisse m'en coûter, le vœu que j'adresse au ciel pour votre judicieux et très-courtois Aristarque.

Recevez, etc.

JH. D'AVENEL.

DEUXIÈME LETTRE AU *Nouvelliste d'Avranches*.

Monsieur,

Vous avez, je n'en doute pas, autant d'esprit que de goût ; je me permets cependant de vous demander ce qu'il y a de bien piquant à appeler un homme par son prénom. Je vous l'avouerai même, le sel, s'il y en a là, me fait l'effet d'être un peu gros, et je doute, en tous cas, qu'il soit venu en droite ligne de l'Attique.

Vous m'accusez de me montrer peu poli pour la foule parceque j'ai rappelé certaine boutade d'un orateur d'Athènes qui fut aussi l'un de ses grands hommes.

Je vous répondrai, monsieur, que pour moi il y a foule et foule ; très certainement, je me sentirais peu fier des bravos qui accueillent toutes les paroles de madame Louise Michel dans certaines assemblées.

Voici un autre grief : Je suis féroce parceque furieux de voir que vous trouviez mes vers mauvais, j'ai cherché à vous mordre. Si je n'ai fait que chercher, c'est encore bien heureux ; mais veuillez relire, ma lettre monsieur, et vous reconnaîtrez que sur ces pauvres vers, bons ou mauvais, peu importe, je me suis montré assez coulant.

Non seulement ils sont mauvais, dites-vous, mais ils n'existent pas.

Vous avez raison monsieur, ils n'existent pas, en effet, quand vous les disloquez comme font les Bohêmes avec les enfants qu'ils volent.

<blockquote>
Mes vers n'existent pas aux yeux de M. X...
A son avis quels vers possèdent l'existence ?
Je n'en suis pas certain, mais, cependant, je pense
Que ces vers là sont ceux de Vercingétorix.
</blockquote>

Ce poème de Vercingétorix, œuvre de l'un de vos rédacteurs, il existe lui, Dieu me garde de le contester, et ses beaux vers, je veux le croire, passeront de bouche en bouche jusqu'à la consommation des siècles ; qui sait cependant si, m'armant de la loupe, je ne serais pas parvenu à y découvrir quelque légère imperfection.

Nous pourrions longtemps batailler sur ce terrain et nous lancer naturellement nos encriers à la tête.

Mais en voilà, ce me semble assez, sur ce qu'on peut nommer avec raison des infiniment petits.

Continuez cependant, tant que le cœur vous en dira, à éreinter mes vers, ces pauvres zéros qui ont eu le don, je devine pourquoi, d'échauffer votre bile. A l'opinion publique, si ces misères l'occupent un instant, de prononcer son verdict.

JH. D'AVENEL.

Voici les vers que nous avons adressés à M. le curé de Heussé pour ses noces d'or.

> Toi que les hivers ont glacée
> Ranime-toi, muse, à ma voix,
> Et viens encor comme autrefois
> Donner l'essor à ma pensée.
> N'est ce donc pas l'occasion
> De demander pour cette fête
> A mon cœur bien plus qu'à ma tête
> Des vers, fruits de l'affection ?
> S'ils sont mauvais, l'intention
> M'excusera puisqu'elle est bonne.
> Je ne sache pas que personne
> Ait vu refleurir son printemps ;
> Anges du moins gardez longtemps,
> Vous qui tressez notre couronne
> Celle qu'au terme de ses ans,
> Sa longue et pénible journée
> Étant à la fin terminée,
> Recevra notre bon pasteur ;
> Et jusque-là puisse son cœur,
> Grâce à la paix qui lui fut chère,
> Ravi de nous voir tous heureux,
> De la paix que donnent les cieux
> Sentir l'avant-goût sur la terre.

www.ingramcontent.com/pod-product-compliance
Lightning Source LLC
Chambersburg PA
CBHW061624040426
42450CB00010B/2647